発刊にあたって

　健康増進や充実した生活を送る上で、何かしらスポーツをすることは大変効果的ですが、視覚に障害があると、何でも気軽に挑戦するという訳にはいかないのではないでしょうか。
　そこでこの度、日本宝くじ協会の助成を受け、視覚に障害があってもできるスポーツの解説書を作成しました。
　今回は視覚障害者と健常者が同じ立場で楽しめるスポーツに重点を置いていますので、障害の有無にかかわらず参考にしていただけると思います。
　最後に、本書の作成にあたりご助成賜りました財団法人日本宝くじ協会並びにご協力いただいた皆様にお礼申し上げます。

目次

- グランドソフトボール ……… 1
- ゴールボール ……………… 7
- サウンド・テーブル・テニス
  （Sound Table Tennis:STT）… 14
- 視覚障害者ボウリング ……… 21
- スティックボール
  （スティック・ボウリング）… 30
- ブラインドサッカー ………… 34
- ブラインドテニス …………… 40
- フロアバレーボール ………… 48
- ジョギング＆ランニング …… 56
- タンデム自転車 ……………… 61
- ブラインドスキー …………… 66
- 登山 …………………………… 73
- ブラインドセーリング ……… 79

グランドソフトボール

　パーン　パーン　パーン（キャッチャーの手ばたき）

　ツッツ　ツッツ　ツッツ（ボールの転がる音）

　ボーン（ボールを打つ音）

　アウト（全盲野手がボールをとり、審判の大きな声）

　これがグランドソフトボールの音の風景です。

　グランドソフトボールは、かつて盲人野球と呼ばれ、盲人バレー（現在、フロアバレーボール）、盲人卓球（現在、サウンドテーブルテニス）と並び、昔から行われている代表的な球技の一つで、昭和初期に全国の盲学校で盛んに行われていたようです。現在では、全

国障害者スポーツ大会の正式種目となっています。
　グランドソフトボールは、全く視力を失った全盲者から、視力が少しある弱視者までが、視覚の状態に応じてプレイができるように工夫されています。また最近では少しずつではありますが、選手やボランティアの方々をはじめとした晴眼者も、視覚障害者と共に楽しまれるようになってきています。晴眼者も参加できる大会としては、全日本グランドソフトボール連盟が主催する全日本グランドソフトボール選手権大会があります。その他にも晴眼者も参加できる中日本大会を初めとする多数の地方大会も開催されています。
　このグランドソフトボールはソフトボールのルールを基本としており、グランドソフトボール（Grand Softball）の名称は、プレイする視覚障害者が一

般の方々に強い印象を与える「感銘的な（すばらしい）ソフトボール」の意味を含んでいます。

　１チームは10人で、外野手が１人多くなっています。その内訳は、アイシェードを着用した全盲野手が４人、弱視野手が６人で、投手は全盲、捕手は弱視、左遊撃手は弱視と定められており、他は自由となっておりますが、三塁手、左翼手、そして、もう一人の外野手を全盲野手としているチームが多いようです。晴眼者が参加する場合は、１名〜２名程度、弱視選手に代わり、チーム編成をしているようです。

　バットは硬球用の木製または金属製を使用し、ボールは専用の公式球（ハンドボール３号球と同一規格）を使うため、グラブは使いません。

　各ベースは安全のため２個ずつあり、守備用ベースの塁間は18メートルで、

その外側2メートルに走塁用ベースが設けられ、それぞれの走塁ベースにはコーチャーがおり、走者の誘導を行います。特に全盲走者には、手ばたきと掛け声で誘導します。

投手は捕手の手ばたき（サイン）でボールを地面に転がしますが、ホームベースまでに3バウンド以上させなくてはなりません。また、本塁ベースは通常のものと同じで、その上を通過しなければ「ボール」の判定で、投手によって

は、ストレート、カーブ、シュートなどを投げ分けています。

　打者は転がって来たボールを打ち、両翼45メートルのラッキーゾーンをノーバウンドで越えればホームランとなります。

　また、全盲野手が捕球すれば、たとえ転がったボールであっても、フライ捕球と同じくアウトとなり、全盲打者の時は、左遊撃手と捕手しか内野地域に入れないなど、全盲者を考慮しています。

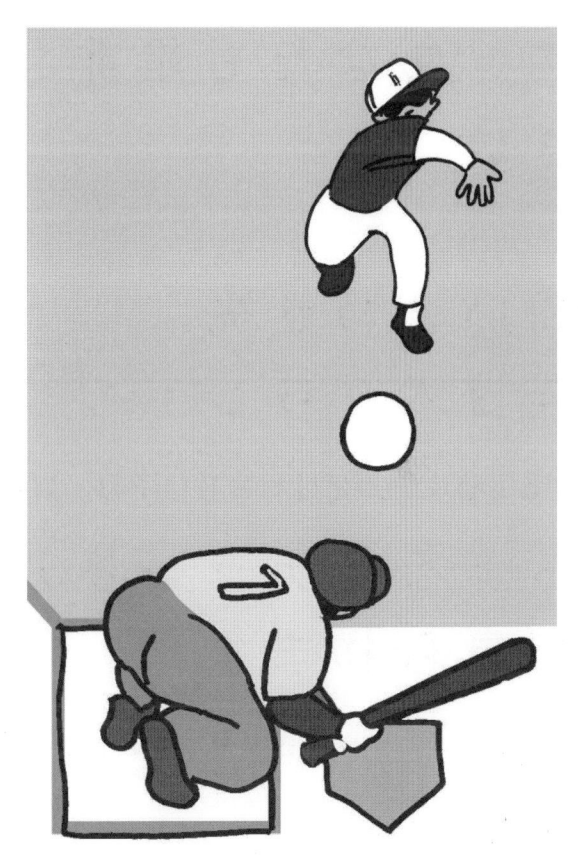

　その他、投手板を中心として半径1.5メートルの円が描かれており、そ

の円を試合停止圏と言い、その円内にボールを持ち込めば試合はストップするというルールなどがあります。

　少しはイメージをしていただけたでしょうか。野球と同じく筋書きのないドラマがあなたを待っています。

　とても奥が深く、楽しいスポーツです。あなたも是非、体験してみてください。

問い合わせ先
全日本グランドソフトボール連盟
http://gurasofu.web.fc2.com/
ちょるるチャンネル　山口大会（動画が見られます）
http://www.yamaguchi.choruru-ch.jp/

ゴールボール

　ゴールボールは、視覚障害者を対象として考案された球技で夏季パラリンピック大会の正式種目です。
　競技はアイシェード（目隠し）を着用した1チーム3名のプレーヤー同士がコート内（18m×9m：バレーボールコートと同じ）で鈴入りのボール（1.25kg）を転がすように投球し合っ

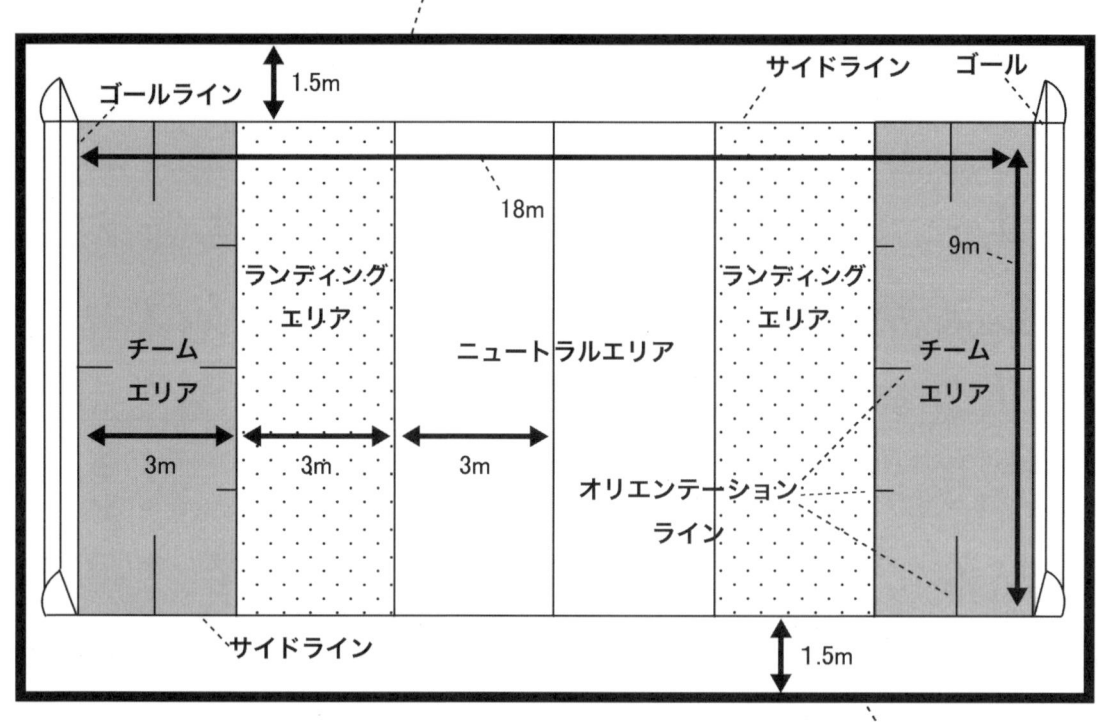

て、味方のゴール（1.3m×9m）を防御しながら相手ゴールにボールを入れることにより得点し、一定時間内（前後半12分、ハーフタイム3分）の得点の多少により勝敗を決するものです。

競技の特徴は、アイシェードにより視覚を遮られた選手たちが、お互いが投球するボールの音、相手チームの選手の発する音を聞き、競技コートのラインテー

プの下に張られている紐、ゴールライン上に設置されているゴール等に触れることで自分の位置関係を正しく認識し、相手の動きを判断してプレーしているところにあります。さらに、音をたよりに競技するため、競技中会場内で発せられるすべての音を制限し静まり返った環境でゲームが進行されます。日本ゴールボール協会の主催する国内大会では、アイシェードで条件を統一できることから、視覚障害者に限らず晴眼者も競技大会への参加が認められています。

　ゴールボールは、第二次世界大戦で視覚に傷害を受けた傷痍軍人のリハビリテーションの効果を促進するために考案されたリハビリテーションプログラムの一つで、1946年にオーストリアのローレンツェン(H.Larenzen)、ドイツのラインドル(S.Reindle)の両氏によって紹介されたのが始まりとされ、

ヨーロッパ地域を中心に世界的に広まり、1976年にカナダで行われた第6回夏季パラリンピック・トロント大会から正式種目として実施されています。

　我が国では、1982年にデンマークのスポーツコンサルタントであるボス（K. Boss）氏が来日し、東京都立文京盲学校を会場として初めて競技の紹介が行われましたが全国的な普及には至りませんでした。

　1992年、2年後に中国北京市で開催されるフェスピック大会の公式種目としてゴールボールが実施されることが決定し、日本からもチームを派遣することとなったのがきっかけとなり、競技規則の翻訳や指導書が作成され、国内の障害者スポーツセンター等へ競技の普及が呼びかけられました。そして、東京都多摩障害者スポーツセンターや京都市障害者スポーツセンター等でゴー

ルボール教室が開催され、競技者の育成が始まりフェスピック北京大会で4位の成績を残しました。その後1994年5月、フェスピック大会に参加した選手・役員が中心となり日本ゴールボール協会が設立され今日に至っています。

　ゴールボールの試合では、1チーム6名の選手と3名までのベンチスタッフを登録することができます。ベンチスタッフは、相手チームの動きや戦術を分析し的確に選手に伝えますが、近年は晴眼のスタッフが必要な情報を視力に障害のあるコーチに提供することでコーチは情報を分析し、自チームの選手の能力と自分の選手としての経験等を照らし合わせ、瞬時に的確な指示や戦術を考案することで立派にチームの指揮官となっています。また、国内の大会運営には、視力に障害のある選手達もゴールの組立て、コート作り、

タイマー、ＢＧＭ、ゴールジャッジ等の係員として積極的に協力しており、皆で大会を運営する意識を持って取り組んでいます。

　最近世界ではユース大会も数多く開催されており、我々も次の世代を担う若い選手層を発掘し育成して大会へ派遣しています。若い選手が早い段階で世界を経験することは、国内の競技力向上にも繋がる重要な取組みと考えています。その成果が実を結び、2012年パラリンピック・ロンドン大会では女子日本代表チームが念願の金メダルに輝きました。2004年アテネパラリンピックに初出場し銅メダルを獲得して以来、３大会目での見事な達成となりました。

　まだまだ、ゴールボールは国内ではメジャー競技とは言えませんが、選手、役員が一つになりゴールボールの更なる普及に努めているところです。

みなさん！パワーとスピード感あふれる、そして激しく、迫力あるゴールボールにチャレンジしてみませんか？「やってみたい」「体験したい」という方は、日本ゴールボール協会へお問い合わせください。

日本ゴールボール協会
理事長　近藤和夫
連絡先（公益社団法人東京都障害者スポーツ協会）
電話　03-5206-5586

サウンド・テーブル・テニス
（Sound Table Tennis:STT）

　サウンド・テーブル・テニス（以下、STT）は、以前「盲人卓球」と言われていたもので、1930年前後から全国各地でさまざまな形で行われていました。2002年に「盲人卓球」をサウンド・テーブル・テニスと名称を変更し、視覚障害者以外でもアイマスクを付けてともに楽しめるスポーツとなりました。
　基本的には卓球のルールに近いやり方で行われますが、一般の卓球と大きく異なるのは、球をネットの上を通過させながら打ち合うのではなく、コート上を転がしながら打ち合うところです。
　また、転がっている球の音を頼りに

行いますので、特殊なボールを使ったり、コートやネットにも特徴があります。

1．道具やコートなどについて
　まず、使用するコートや道具について簡単に説明します。
　コートは、長さ274cm、幅152.5cmの木製で平坦な長方形で、一般の卓球のように中央などに継ぎ目はありません。色は濃色または白色で、長い方と平

行に幅の中央部分に引かれたセンターラインと守備側とネット側を分ける守備ラインは白色または黒色になっています。

　コートのエンド側、つまりプレーヤー側のところと、サイド側でエンドからネットに向かって60cmまでのところにフレームが取り付けられています。フレームの高さはコートの上から1.5cmで幅は1cmです。

　また、センターラインの延長上のエンドフレームの外に、センターを示す突起が付いています。

　ネットはコートの中央に張られていますが、下をボールが通過するため、ネットの下とコートの間が4.2cm空いています。

　ボールは、直径4.0cmのピンポン玉の中に4個の小さな金属球が入ったものを使用します。

ラケットは、一般の卓球とは異なり、打球音がはっきりわかるようにラバーを貼っていないものを使います。

　コートの場所の名称としては、守備ラインより自分側で、センターラインより右側をサービスエリア、左側をレシーブエリアと言います。

2．ゲームの進め方

　まず、コートに入る人は、プレーヤー2人と主審と副審、ボール・パーソンのみで、正式な試合の場合は室内にこれらの人以外の立ち入りは認められていません。ただ、通常は周りに他の人もいてかまわないのですが、静かにしていないとプレーの妨げになってしまいます。また、ボール・パーソンの役目はコート外に落ちたボールを拾ってサービス側に戻すことです。

　ゲームは1セット 11点を3セット

あるいは5セット行って、2セットあるいは3セット取った人が勝ちとなります。

ゲームを始める前にプレーヤー2人がジャンケンをして、サービス、レシーブ、コートを決めます。

それぞれの位置についてゲーム開始です。

サーブは、自分のサービスエリア内にボールを静止させ、ボールからラケットを10cm以上離したところで構えてか

ら「いきます」と声をかけます。
　相手が「はい」と返事をしたら、サーブ側は相手のサービスエリア内目がけてボールを打ちます。打ったボールが相手のレシーブエリアに入った場合、またネットにボールが触れた場合はフォルトになり相手の得点になります。
　また、サーブやレシーブした球がエンドフレームに当たって1度もコート内に触らずに外へ出た場合もアウトとなります。
　サーブは5本ずつで交代しながらゲームを進め、11点取った方が勝ちとなりますが、10対10になった場合は、それ以降2点差がつくまでプレーを続けます。

3．体験してみませんか
　STTは、ボールが転がる音を頼りに左右移動して打ち合うものですが、速

い球を打ってくる人とプレーするときは、転がってくる音を聞くというより、相手が打ったときのラケットの音や風圧などを頼りに移動しています。

　ただ、最初から速い球で打ち合うよりは、そんなに速くないスピードで楽しみながら行うのがいいと思います。

　STTは全国各地の視覚障害者団体や地域で行われています。

　興味や関心がある方は「STT」や「視覚障害者　卓球」などで検索してより詳しい情報をご覧ください。

　また、STTはアイマスク着用で行う卓球ですが、視覚障害者だけでなく、さまざまな障害の人や健常者もアイマスクなしで行う「スルーネット・ピンポン」というスポーツもありますので、併せてご覧ください。

視覚障害者ボウリング

　「レジャー白書2011」によると、わが国の余暇活動におけるボウリング参加人口は1780万人で、依然として人気のあるスポーツといえます。誰もが参加でき、性別・年齢を問わずいっしょに活動できることも魅力です。視覚障害者も用具を工夫することで容易に参加することができます。

　視覚障害者のボウリング参加者が多いアメリカでは、1948年に初めて全国大会が開催され、1951年にはアメリカ盲人ボウリング協会（ABBA）が設立されています。また、1920年以前から盲学校に体育施設としてのボウリングレーンが設置されていたという報告もあります。現在ではABBAの会員だけで3

千人はいると言われています。

　日本においても、1970年代初めのボウリングブームの中で、アメリカの視覚障害者用指導教本の翻訳や投球方向を確認するための用具の輸入など、普及の動きがありました。また、障害者スポーツセンターの中には、残ピンの位置と本数を触って確認できる装置を設置した所もありました。

　その後、2001年に視覚障害者ボウリングコングレス（2004年に全日本視覚障害者ボウリング協会と改称）が設立され、2002年より視覚障害者の全国大会を毎年開催しています。また、各地で普及活動を行い、参加者や指導者を増やしています。さらに、2002年から開催されている視覚障害者の世界選手権大会などの国際大会への選手派遣も行っています。

　ボウリングは、ピンの大きさやレー

ンの長さなどのプレイ環境が常に一定で、同じ動作を安定して繰り返すことが求められるスポーツです。したがってプレイ環境に慣れてしまえば視覚障害者も十分楽しむことができます。しかし、そのためには次のような工夫が必要となります。

第1は、ガイドレール（手すり）の使用です。視覚障害者にとって、適切な立ち位置から、真っ直ぐ助走し投球することは困難です。そこで、アプローチ上に方向確認のためのガイドレールを設置し利用します。全日本視覚障害者ボウリング協会では、高さ約90cm、長さ約370cmのものを使用しています。ガイドレールに触れた自分の手と体幹との

位置関係、腕の開き具合で、立ち位置を決定し、ガイドレールの上を手で撫でながら助走をします。そうすることで方向を確認しながら、真っ直ぐに助走ができます。慣れるまで最初は時間がかかりますが、練習することで自信を持って投球できるようになります。なお、ガイドレールは移動式ですので、各ボウリング場で必要な時にのみ設置することができます。

第2は、晴眼者の補助です。視覚障害者にとって、自分の投げたボールの軌道や倒したピンを確認することは困難です。そこで、晴眼者による情報提供が必要になります。ボールがどこを転がったか、どのピンが残ったかなどを知ることによって、その後の立ち位置や体の向きなどを自分で考え調整できるようになります。

　このように、視覚障害者にとって、ボウリングは既存のボウリング場のアプローチ上に「ガイドレール」を設置するだけですむために、用具・施設といった点で簡便です。また、補助をする晴眼者の負担も比較的少なく、一緒にゲームを楽しむことさえ可能です。さらに、一人ずつ順に投球するため、他者と接触する危険性が低く安全なスポーツでもあります。

　レジャーとしてのボウリングに飽き

足りず競技としてのボウリングを目指す場合には、次のような大会があります。

　全日本視覚障害者ボウリング協会が主催する大会としては、全日本視覚障害者ボウリング選手権大会（年1回東京で開催）、西日本視覚障害者ボウリング大会（広島・福岡でそれぞれ隔年開催）、東日本ボウリング大会（北海道で隔年開催）、等があります。

　また、その他にも、全国障がい者ボウリング大会（福岡で開催）、宮様チャリティーボウリング大会（東京で開催）、政令指定都市身体障害者親善スポーツ大会（開催地により実施されない場合もある）、等があります。

　ボウリング競技は、見え方の程度による不公平を少なくするために、国際視覚障害者スポーツ連盟（IBSA）の基準による3つの区分で競技を行っ

ています。それらの区分は次のとおりです。

　Ｂ１：視力０から光覚までの者で、いかなる距離、方向からも手の形が見分けられない

　Ｂ２：手の形の認知可能から視力が2/60(0.03)までか、視野が５度まで、あるいはその両方

　Ｂ３：視力が 6/60 (0.1) までか視野が 20 度まで、あるいはその両方

なお、クラス分けにあたっては、両眼とも可能な限りの矯正視力でなければなりません。つまり、コンタクトレンズやメガネを使用している選手は、試合時にそれらを着用するか否かに関わらず、クラス分けの際には着用が義務付けられています。また、Ｂ１クラスの選手は、見え方の条件を統一するためにアイシェードまたはアイマスク

の使用が義務付けられています。

　競技では、ガイドレールの使用と晴眼者の補助が認められているほかは、健常者のルールと同じで、ガターもファウルも採用されています。種目としては、個人戦とチーム戦があります。世界選手権で優勝するためには、全盲のＢ１クラスでは140以上、視力0.1以下のＢ３クラスでは190以上のアベレージが必要です。

　最後に多くの視覚障害者に共通したボウリングの魅力を紹介します。

① 　ボールがピンを倒した時の音が爽快。

② 　一人で目標に向かって挑戦する楽しみもあれば、仲間と楽しく投げたり、競い合えるという楽しみもある。

③ 　年齢、性別、障害の有無に関わらず同じルールで楽しむことができる。

問い合わせ先
全日本視覚障害者ボウリング協会
URL　http://www.bbcj.org/
Eメール　jimu@bbcj.org

スティックボール
（スティック・ボウリング）

　スティックボールは、1987年、養護盲老人ホームの生活指導員だった方が「スティック・ボウリング」として開発した高齢者・視覚障害者のレクリエーション・スポーツです。

　現在では、各地域の視覚障害者団体や生活施設などで行われています。

　使用するものとしては、ゲートボールで使われるスティック、鈴入りのバレーボール（4号球）、重さの異なるピン10本、球を止めるためのフェンス（長机など）、スタート位

置に置く踏切台とボールをセットするための板です。

　プレーするところは、スタート位置に穴のあいた板を置き、その板の端に垂直になるように踏切台を置きます。板の穴の中心から7m離れたところに1から10番までのピンを横一列に並べ、ピンの後ろとサイドに球止めのフェンスを置きます。このときサイドのフェンスはスタートラインに向かって開いたような感じで斜めに置きます。またピンの間隔はそれぞれの中心同士の距離がボールの直径と同じにします。

　ゲームはボウリングと同じようなルールで進めていきますが、倒れたピンによって得点が異なります。つまり、1ゲームを10のフレーム（出番）に分け、1フレーム2回までボールを打つことができます。

　まず、プレーヤーは、スタート位置に置かれた踏切台に先から足が出ないように立ち、スティックを持ちます。このと

き、セットされているボールを手で確かめてもかまいません。

　スティックは、ゴルフのクラブを持つときと同じように握りますが、ゴルフのように上からスイングするのではなく、ややボールから後ろへ遠ざけて、ボールに向かって振ります。

　うまくボールにヒットするとボールは転がっていき、ピンが倒れると得点が入ります。倒れたピンが両端の1番または10番ピンなら5点、中央の5番・6番ピンなら3点、その他のピンなら1点ずつ加算されま

す。

　順番に１フレームずつ進んで行き、10フレームが終わったところで得点の高い人が勝ちとなります。

　このスポーツは、重度の視覚障害者や高齢者も含めて、いろいろな人がともに楽しめるように考えられています。晴眼者も参加できますが平等を期すためアイマスクを着用します。ただし、ボールをセットしたり、倒れたピンを元に戻したり、倒れたピンを教えることについてはサポートしていただく必要があります。

　あまり激しいスポーツではありませんが、スティックで打つ動作は全身運動になりますし、得点を競いあう楽しみもあります。

　レクリエーション・スポーツという位置づけになってはいますが、視覚障害者団体では、地域やブロックで大会も開かれています。興味・関心のある方は、お近くの視覚障害者団体などへお問い合わせください。

ブラインドサッカー

1．競技の概要

　ブラインドサッカーにはＢ１（全盲）クラスとＢ２・３（弱視）クラスがあり、いずれもフットサル（５人制のミニサッカー）を基にルールが考案されています。

　1980年代初頭に開発され、ヨーロッパ、南米を中心に広くプレーされてきました。世界では、1990年に初めてヨーロッパで大会を開催。その後、ヨーロッパ、アメリカを中心に大会が整備されました。

　日本には、2001年に現在プレーされているIBSA(International Blind Sports Federation:国際視覚障害者スポーツ連盟)の国際ルールが上陸しました。

2．視覚障がい者・健常者それぞれの役割

　ブラインドサッカーは視覚障がい者が行う5人制サッカーですが、健常者も同じフィールドでプレーすることのできるスポーツでもあります。

　B1クラスは、4人のフィールドプレーヤーと、ゴールキーパー（GK）、監督、コーラーの7名で競技を行います。フィールドプレーヤーは視力の差を公平にするためにアイマスクを着用し、全員視覚のない状態になります。GK、監督、コーラーは健常者や弱視者がその役割を担います。

　B2・3ク

ラスは、それぞれの見え方のまま、ほとんどフットサルと変わらないルールでプレーします。ボールも音源がなく、通常のフットサルボールを用いるため、障害の有無や程度によって見え方の異なる選手同士がプレーする難しさがあります。しかし、その難しさゆえに逆にチームメイトをよく理解する必要が生み出されることが、通常のフットサルとは違う魅力になっています。

3．具体的な競技の進行

　B1クラスは、ピッチはフットサルとほぼ同じですが、両サイドライン上に高さ1mほどのフェンスが設置されます。シャカシャカと音の鳴る特殊なボールを使用し、通常25分ハーフ

中に特殊な鈴が入り
カシャカシャと音がする

で行われます。

　フィールドプレーヤーがボールを奪いに行く際は、「ボイ！」と声を掛けることがルールで決められています。「ボイ」はブラインドサッカー発祥の地、スペインで「行くぞ」という意味です。ドリブルしている選手には、ボールを持たない周囲のプレーヤー、特に敵チームのプレーヤーがどこにいるか把握するのは困難なため、「ボイ！」の声で相手プレーヤーが、いつ、どのタイミングで来るか分かるようにして、衝突や接触を避けています。

　ＧＫは、ゴールを守ることはもちろん、音声情報を頼りにするフィールドプレーヤーへガイドすることも大切な役割です。ディフェンダーに「あたって！」「逆サイドフリー！」などの声を掛けます。また、ＧＫは動くことのできる範囲が非常に限られています。ゴー

ルキーパーエリアは５ｍ×２ｍの長方形しかなく、ＧＫはその枠から出ることが許されていません。

　監督は、一般的な「監督」の役割に加え、フィールドプレーヤーにガイドすることが求められます。

　コーラーは、攻撃する側のゴールの裏に立ち、オフェンスに対してガイドします。ゴールの位置を知らせる「ゴール」という掛け声に加え、ゴールまでの距離、角度などを「６メートル！　45度！　シュート！」というようにプレーヤーに伝えます。プレーヤーとコーラーの絶妙なコラボレーションが求められます。

４．これから始める人へのアドバイス

　ブラインドサッカーでは、選手は自分の考えで判断し、ピッチを自由に駆け巡ることができます。視覚障がい者

が日常では感じることが難しい「動くことの自由とその喜び」を感じる機会を生み出しているのがサッカーの大きな魅力の一つです。

　毎年、全国各地で日本選手権や各地域でのリーグ戦を実施しており、自由に見学できます。試合会場ではブラインドサッカー体験会の実施、近隣のチームへの紹介もいたしますので、お気軽にお問い合わせください。

日本ブラインドサッカー協会
東京都新宿区百人町 1-23-7 新宿酒販会館4階
電話　　03-6908-8907
Eメール　info@b-soccer.jp
URL　http://www.b-soccer.jp/

ブラインドテニス

1．概要

　ブラインドテニスのコートは、縦13.4m・横6.1mの広さで、中央にネットを張ります。サービスラインは、ネットから4.72mの位置にベースラインと平行に引き、サービスラインとサイドラインに囲まれた部分をセンターサービスラインで二分してサービスコートとします。ネットの高さは中心部で80cm。手や足でラインを確認できるようにするため、ベースラインの全長（6.1m分）およびベースラインの中央（センターマーク）から後方へ3m程度、またコートの右側のコーナーから後方へ、それぞれ突起させた布製粘着テープを貼ります。突起させる方法としては、ラインの

下中央部に直径2mm程度の紐（例えば凧糸）を通します。一般のテニスコートと形状は同じですが広さが二周り程度小さくなっています。

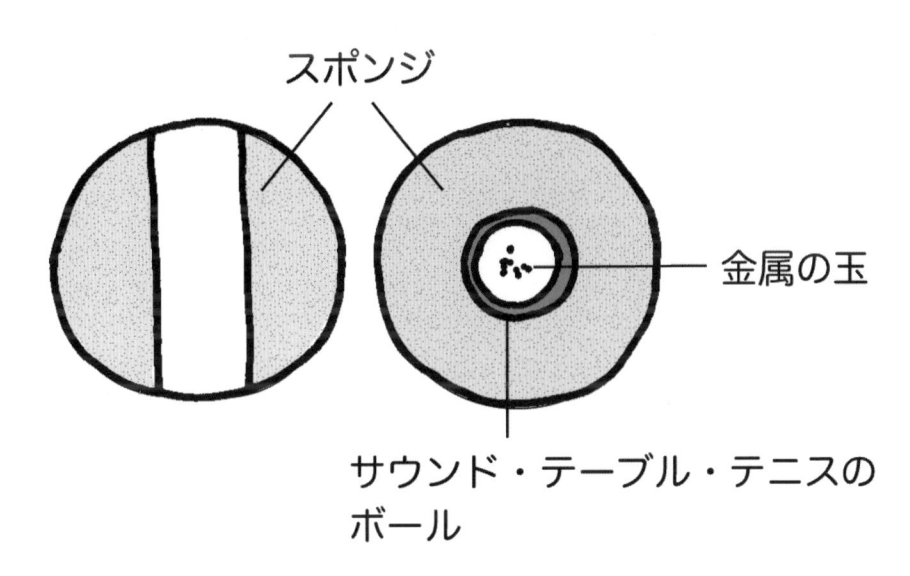

スポンジ
金属の玉
サウンド・テーブル・テニスのボール

　ボールはスポンジボールの中に音源を埋め込みその音を頼りにプレーを行います。ラケットは、全長22インチ以内のショートテニス用、もしくはジュニア用硬式ラケットを使用

します。
　競技クラスは視力別にＢ１・Ｂ２・Ｂ３があり、Ｂ１は、視力０または明暗弁で、アイマスクか、アイシェイド着用で３バウンド以内で行います。Ｂ２は、視力0.03未満、または視野５度未満、Ｂ３は、視力0.03以上、視野５度以上で２バウンド以内で行います。
　一般のテニスとの大きな違いはサーブを行う時にサーバーが「いきます」と声をかけ、レシーバーの「はい」との返事があってからサーブを行うことです。その他大部分のルールは一般のテニスに準拠していますので少しでもそれを行った事のある方でしたら直ぐにでもプレーを行うことが可能です。
　ブラインドテニスの最大の特徴としては、他の視覚障害者のスポーツがネットの下やグランドの上をボールを転がす平面上でプレーするのに対し制限バ

ウンド以内でプレーを行う三次元のスポーツであることです。特にＢ１のクラスの選手は始めた当初ボールをラケットに当てること、そしてその当たったボールを相手コートに返すのが大変です。ほとんどの選手は何度も何度も空振りしようやくラケットに当たる様になります。その時の感動を忘れられないと口にする選手が多いのです。

慣れて来ると何度もラリーが続き、強く打ったり弱く打ったり、右や左へと打ち分ける事もできる様になります。さらに上級者ではサーブやストロークでボールに回転をかけて変化球を打つ選手も少なくありません。ボールの音だけを頼りにコートの中を走り回り、タイミングを合わせて打ち返し、相手のラケットに当たる音を頼りに打ち返します。これらを自分の感覚だけで行うため、非常に難しいスポーツではありますが、この難しさが魅力だと感じている選手が多いのです。

　このブラインドテニスのもう一つの側面としてユニバーサルなスポーツであるということができます。その代表的なものがミックスダブルスの試合です。この競技は視覚障害者と健常者がペアを組み、同じコートでプレーします。

2．歴史

　1984年、埼玉県立盲学校の高校生だった武井実良（みよし）氏が3次元の球技を行いたい。転がっているボールではなく空中に浮いているボールを打ちたい。ふつうの人と一緒にスポーツを楽しみたい。そして、「音が出るボールがあれば、必ず打てる。」と考えていました。テニスに着目しスポンジボールの中にサウンドテーブルテニス（当時は盲人卓球）のボールを埋め込む事を考え、手作りしたボールから始め、徐々に賛同者を増やしていきました。そして1990年に「視覚ハンディキャップテニス大会実行委員会」を組織し、その年の10月21日に「第1回視覚ハンディキャップテニス大会」が国立障害者リハビリテーションセンター（埼玉県所沢市）において開催されました。この大会は現在も行われており、今年で23

回目を迎え、ブラインドテニスの大会としてはもっとも歴史のある大会となっています。

　第1回目の大会当日に、参加者の賛同のもとに、「日本視覚ハンディキャップテニス協会」が設立されました。

　その後、視覚ハンディキャップテニスをブラインドテニスと改称し、2009年4月より日本ブラインドテニス連盟（JBTF）として活動しています。

　連盟の目的は、障害の有無に関係なく、共にテニスに親しみ、余暇活動の善用により社会での融和を図り、生活の質の向上に寄与することとしています。また、2007年より海外への紹介を始め、イギリス、韓国、台湾、中国でのデモンストレーションを行い海外からの関心も高まっています。

　競技者の方々の目標としては世界中にブラインドテニスを広め、パラリン

ピック種目にと連盟を上げて現在盛んに活動をしています。

　まだ歴史の新しいスポーツで、プレーヤーも全国に300名ほどですが、各地で盛んに大会が実施されております。このスポーツは皆に解り易く皆が一緒に楽しめるスポーツです。
　ご興味を持たれた方は是非体験、見学に来て下さい。
　お問い合わせは日本ブラインドテニス連盟会長　桂田元太郎
hyogo_genta@kinki-bta.jpn.org
までお願いいたします。

☆本文中連盟ホームページ
　(http://homepage2.nifty.com/JTAV/)
より一部引用並びに参考としました。

フロアバレーボール

1．競技の概要

　フロアバレーボールは、通常の六人制バレーボールと同じコート、ボール（色は白）を用いて行います。選手数は1チームあたり6人、3打以内に相手コートにボールを返すことなど、通常のバレーボールのルールを踏襲した部分が多々あります。

　ただ、ボールが空中を飛ぶのでは視覚障害者には難しいため、ボールは床面を転がることを必須としています。ネットは特別のものを用い、床面からネットまでの間に30センチの隙間を設け、そこをボールが通過するようになっています。

　さらに、前衛選手は視力の個人差を

なくすため、全員が目隠しをしてプレイします。後衛選手については特にこの措置はとられません。前衛と後衛ではこうした違いがあることから、ローテーションはそれぞれ別々に行います。

　アタックは、相手コートのバックゾーンをボールが通過した場合に得点となり、逆に敵からのアタックが自陣の

バックゾーンを通り抜けないよう選手は守備を行います。敵のアタックをブロック・レシーブして味方にトスを出し、そしてアタックを打つ。この繰り返しで試合は進みます。

2．歴史

　1950年代後半、横浜市立盲学校の田中教諭が中心となり、盲人バレーボールという競技が考案されます。1960年代以降各地の盲学校に普及しますが、この段階ではルールが地域によってバラバラで、全国大会が開かれる状態ではありませんでした。

　1994年11月、初めての全国統一ルールとなる競技規則が発表されます。これ以後、社会人のカテゴリーについてはこの統一ルールの下、全国大会が行われるようになりました。

　さらに1995年になると、競技の名称

がそれまでの「盲人バレーボール」から「フロアバレーボール」に改称されます。これは、この競技を単なる視覚障害者だけの競技に留めるのではなく、晴眼者も共に同じ選手として切磋琢磨する、障害の枠を超えた「ニュースポーツ」へと発展させようという思いがあったからです。この思いは広い共感を得ることとなり、現在では障害の有無に関わらず、また男女の別や年齢を問わず、さまざまな人々が選手としてこの競技を愛好しています。

3．魅力
　①　スピード感
　　フロアバレーボールは「ボールを床に転がして行う」競技であるとよく説明されます。確かにそのとおりです。皆さんは「さぞやテンポのゆっくりしたスポーツなんだろうな。」と

お考えになるかもしれません。しかし、そうではありません。

フロアバレーボールでは、ボールをげんこつで殴打することで「アタック」をします。実際放たれたボールはかなりの速度で床を駆け抜け、トップレベルの試合になると、晴眼者の目をもってしてもボールを追い切れず、レシーブが間に合わないこともしばしばです。このように、フロアバレーボールにはかなりのスピード感があります。

② 戦術性

どんなスポーツでも言われることですが、単に個人の身体能力が高くても、戦術なくしては試合に勝つことは難しいでしょう。

フロアバレーボールでは、後衛選手の中に司令塔となる選手がいることが一般的で、その司令塔が他の後

衛選手やアイマスクをつけた前衛選手に対して指示をすることで組織的に行動します。前衛のブロックを適正な位置に動かして相手の攻撃を防いだり、味方同士のパスによって相手の守りのすきを作って効果的な攻撃につなげたりと、やるほどに奥の深いスポーツです。その奥の深さは戦術にこそあると言え、それを体感していただくためにも、ぜひとも実際にプレイしていただきたいと考えています。

③　同じコートで戦う

　フロアバレーボールは、目の見える人でも見えない人でも、同じコートに立って同じ選手としてそれぞれの持ち味を発揮して戦うことができるスポーツです。

　アイマスクをつけた前衛選手は、とかく後衛選手の指示に従うだけの

付随的な存在だと思われがちですが、それもまた違います。

　前衛選手でも、上級者は音や経験から状況を判断し、後衛の指示がなくても主体的に行動して得点に貢献することができます。前衛同士で声を掛け合ってパスを回したり、相手の守備位置を類推して攻撃したりと、活躍の機会はたくさんあるのです。

　後衛選手が後方での攻守と指示を担い、前衛選手が前線での攻守を担う。両者が協力し合うことで強いチームが生まれ、試合に勝利することができます。個性の違う人たちが集まり、互いに補い合って目的を果たす。フロアバレーボールは、こうしたすばらしい世界観を体現することができるのです。

4．興味を持たれた方へ

チームは各地に点在しており、いつでも見学・体験を受け付けています。競技者の中には視覚障害者はもちろんですが、晴眼者の選手も（ボランティアとしてではなく、あくまでも同じ選手として）多く存在しています。障害の壁を超え、対等な立場で汗を流すことのできるフロアバレーボールを、あなたもぜひ１度やってみませんか？

問い合わせ先
日本フロアバレーボール連盟
http://www.jfva.org/

ジョギング＆ランニング

１．市民マラソンへの参加

　視覚障害者が伴走者と共に市民マラソンに参加できるようになったきっかけは、当時30歳だった福島県いわき市出身の全盲ランナー片寄さんの第14回青梅マラソン（昭和55年）30キロ部門へのエントリーでした。実行委員会からは安全面を危惧して一度は断られましたが、当日の朝、主催者側との話合いにより、全員がスタートしおわったあとに走ることで許可されました。片寄さんがゴールに姿を見せたのは、レースの打ち切りになる寸前で、観衆からは優勝者にも勝る拍手が巻き起こりました。そして翌年の大会では、障害者の参加が可能となりました。

この一件をきっかけに目の不自由なランナーの活動を支える日本盲人マラソン協会（ＪＢＭＡ）が発足し、伴走者と共に走ることができる大会が全国的に広がりました。

２．視覚障害者および伴走者の役割
　一般には伴走者（ガイドランナー）を必要とする視覚障害者にとって、伴走者の技量は視覚障害者ランナーが走る時の安全性・快適性・記録などに大きな影響を与える事となり、相互の信頼関係が重要なポイントとなります。
　なお、国内大会の伴走に関す

る規則では、競技者は（ガイドの）肘をつかむか、ひも（50センチ以内）を使用するか、ひとりで（ガイドと接触せず）ガイドの口頭における指示を受ける方法があります。公式のレースでは、いかなる時も、ガイドは競技者を引っ張ったり、押したりして前進を助ける行為は違反となります。

3．伴走者も含む、これから始める人へのアドバイス

① ジョギングの効用

　　ジョギングやランニングは、歩く動作に比べて短時間で高度な筋力を養うことができますが、無理な練習はケガの原因ともなります。無理をせず、初めは歩くことから速足、そして徐々にジョギングへと移行して、練習時間も少しずつ延長するとよいでしょう。なお、初めての運動開始

時には、心臓や肺機能などのメディカルチェックを受けましょう。

② 楽しく、そして長く続けられることを考えて

まずは、無理な計画は立てないことです。筋肉痛は疲労度のバロメータです。適当な休養をとること。そして、仲間といっしょに、また運動の記録などをメモすることによって、楽しさや意欲につながります。

③ ケガをした時は

ケガの予防には、準備体操、整理体操を心掛けることが鉄則です。運動に合わせた体操やストレッチをしましょう。もし、筋を痛めたり打撲等のケガをした場合は、まずは安静にして冷やすこと、そして患部を圧迫、高くすることが初期の処置です。軽く叩いて痛みが走ったり、ひどく腫れている時には医師による受診を

おすすめします。
④　運動をする前後には水分補給を
　激しい運動をする2時間前には、スポーツドリンクなど塩分を含む水分を十分に補給して、運動中や運動後にも水分を摂るように心掛けることが大切です。
⑤　日常の食事に気を配る
　体づくりに欠かせない炭水化物を日ごろから摂取することを心掛けましょう。また、運動後3時間以内に食事を摂ることで、失われたエネルギーの補給をしましょう。とくに激しい運動後の適量の甘いものの摂取は有効です。

問い合わせ先
日本盲人マラソン協会
http://www.jbma.or.jp/

タンデム自転車

　視覚障がい者が自転車を1人で乗ることは難しいですが、2人乗りのタンデム車に乗ることでそれが可能となります。また、自転車に乗ることだけでなく、一緒に乗る人とコミュニケーションを図れたり、1人で乗る以上の楽しみを体験することができます。
　タンデム車は基本的に公道では走れず、一部の地域やある時間帯だけ走れるところがあります。ここでは、東京都内で行われているタンデム体験をご紹介します。これから始めようとされている方々は参考にしてみてください。

1．内容
　タンデムとは2人乗りの自転車のこ

とです。形状は縦列に前に乗る人のハンドル、サドル、そしてもう１人分のハンドル、サドルがあります。車輪は１人乗り同様、ふたつです。基本的に障がい者向けに作られたものではなく、都内にある昭和記念公園などに訪れた親子などが楽しむように置かれてあります。ここで言うタンデムは競技スポーツではなく、ＴＣＡ（東京サイクリング協会）の人たちと視覚障がい者が力を合わせてペダルを踏み、風を感じ合いながら楽しむスポーツとしてご紹介させて頂きます。

2．歴史
　ＴＣＡがボランティア活動の一環として、現在の公益社団法人東京都盲人福祉協会との共催により平成4年4月から年4回「タンデムの集い」を開催するようになりました。平成23年6月には80回目の「タンデムの集い」が開催され、現在では4・5・6・8・10月と年5回行っております。

3．視覚障がい者と健常者の役割
　　前に乗る健常者を"パイロット"と言い、後ろに視覚障がい者が乗ります。2人力を合わせて前に進むのもよし、ペダルを踏むのがきつい人はペダルに足を乗せておくだけでもパイロットさんの操縦で風を感じる事ができます。

4．コース
　①　神宮外苑サイクリングコース

春は桜の花が満開の中、夏はアブラゼミ、ミンミンゼミ、ツクツクホウシ、クマゼミの声に包まれて一周2.5キロ程のコースを走ります。

② 　パレスサイクリングロード

　一周3キロ程のコースです。車の排気ガスにより、皇居付近の松が傷むことを防ぐ為に始められたとのことで、内堀通りを一部通行止めにして自転車専用道にしています。日本で唯一「タンデム車通行可」の標識が出される場所です。またここのコースならではのタンデム車が1台あり、通常と逆に視覚障がい者が前に乗り、パイロットさんが後ろで操縦します。風を真っ向から受けてとても気持ち良いですし、パイロットさんの声もよく聞こえて会話もはずみます。また、ここはTCAのご協力で毎週日曜は誰でもタンデム車に乗れるようにな

っております。

5．私たちの願い

　私たち視覚障がい者も「みんなと同じように一般道路を！」とまでは言いませんが地域にあるサイクリングロードが走れたらいいなと思います。

6．パイロットさんの感想

　ひとりでサイクリングするのも楽しいですが、年5回、こうしてみなさんと一緒に風を感じながら色々なお話ができてとても楽しいです。この活動が長く続くといいですね。みなさん、とてもお元気なのでいつもパワーをもらって帰っています。

問い合わせ先
公益社団法人東京都盲人福祉協会

ブラインドスキー

　スキーは、ゲレンデでの他の人との接触やスピードのことなどを考えると、視力がないと難しいスポーツのように思えますが、晴眼者の声かけにより思いっきり楽しむことができます。誘導どおりに、方向を変える、止まる、スピードをコントロールする、といった基本の動きを身につけてしまえば、急な斜面に挑戦することもできます。もちろん、「視覚障害者が滑っている」ということを周囲の人に分かってもらうために一目で認識できるようなゼッケンをつけたり、声をかける側も周りのスキーヤーやスノーボーダーの動きに常に気を配りながら滑ります。ここでは、視覚障害者の立場からブラインド

スキーについてご紹介します。

1．趣味はスキー

　私の趣味はスキーである。2本の板に上手に乗れれば、さほど力を必要としないし、風を切るスピード感や斜面を滑り降りるスリルは他ではなかなか味わえないように思う。

　一口にスキーといっても、若者に人気のスノーボードやスキーのマラソンといわれるクロスカントリーなど、いくつかの種類に分けられる。私が楽しんでいるスキーは、滑降とか回転とかと同じ「アルペンスキー」のことである。以下、そのアルペンスキーを中心に筆を滑らせていくことにする。

2．記録に見る初のスキー大会

　わが国においてブラインドスキーが、いつ頃から行われていたのだろうか。点

字毎日発行『激動の80年』の昭和9（1934）年2月の記事に、「長岡盲スキー大会～新潟県長岡盲は16日、信濃川沿岸でスキー大会を開催。全国で初めて。」とある。信濃川沿岸というから、本格的なアルペンスキーだったか疑わしいが、昭和初期の雪国の盲学校においては、体育の授業にスキーを取り入れていたことは、まず間違いあるまい。無論それは、体力増強や感覚認知向上のための広義のスキーで、ソリ遊びなどの遊戯的なものであったと思われる。盲教育の黎明期には、体格的に発育の遅れた児童生徒への体育指導が、緊急課題であったから、雪国の冬の雪遊びはなおさら必要だと認識されていたことだろう。

　明治18（1885）年には「体操」が盲唖学校の正式科目となっている。明治20年代以降は、一般学校に準じた内容

が行われ、現場の訓導たちが視覚障害者のための指導に日々工夫を凝らしていったのだ。大正末期には、スポーツ活動がよりいっそう活発となった。大正14（1925）年10月には、点字毎日主催・帝国盲教育会近畿部後援の下、関西盲学生体育大会が開かれている。前掲書によれば、「世界最初の試みであり、わが国盲界史に一大特筆すべき」大会と記し、岡崎・大分など12盲学校から500人が参加したという。さらに、昭和3（1928）年には、「全国盲学校体育連盟」が組織されていくのである。

3．ブラインドスキーの特徴

　現在行われているブラインドスキーの特徴は、板やブーツなどのスキー道具の特異性ではなく、ガイドが1人あるいは2人サポートに付くことだ。地域や所属クラブによって異なるが、前

走するガイドの後をブラインドスキーヤーが滑ったり、ガイドが後ろから声をかけながら誘導したりと、まだサポート方法の全国的な統一方式はない。声かけの仕方にしても、ターンする方向で「右」「左」と指示するところと、体重をかける足の方で方向を示すやり方もある。グループによっては、前走するガイドがブザーなどの音源を鳴らしながら滑り、その後をブラインドスキーヤーが付いていく方式もあって、どの誘

導方法がよいのかは当事者の好みに合わせるしかないといえよう。

　もう一つ特徴をあげるならば、誘導に際して拡声器や無線機を使う事例が増えてきたことだろう。ガイドがハンドフリーマイクを口元にセットし、スピーカーや省電力双方向無線機で方向指示をするやり方だ。ブラインドスキーヤーもある程度滑れるようになるとスピードも速くなって、風の音などで肉声の声かけでは聞こえにくくなるからであろう。各種誘導補助具の急激な普及は、長野冬季パラリンピックの影響で、スピーカーを使って誘導する競技スキーのスタイルが広まったのかもしれない。私はまだ、何本も支柱

を立てた旗門をかわしながら滑走する競技スキーをしたことがないが、パラリンピックなどを通じてブラインドスキーが認知され、誰でも気軽にスキーを楽しめるようになってきた。今後はスキーガイドが増えること、そして少しでも多くの視覚障害者がスキーの楽しみを味わえるよう願っている。

問い合わせ先
T.A.B.S.(Tokyo Association for Blind Skiers)
http://www.one-for-all.jp/TABS/

登　山

　「なぜ山に登るのか」という問いに対し、「そこに山があるから」というよく知られる応答があります。汗をしとどに流しながら急坂をあえぎあえぎ登り、もう山なんか絶対来るものかと言いながらもいざ頂に立てば、視界に広がる光景を見渡しはるかにより高い山を目にすれば、次はあの山に登ってやろうかと思います。汗をかけばかくほどに、山頂に立つ喜びが大きくなるように思えます。山頂から四方を見渡す美しい景色や、途中で触れ合う自然の爽やかさ、季節の移り変わりを告げる草花を愛でることなど、共に登る視覚障害者にそれを口で告げても、はたしてどの程度まで伝わるのだろうかと常

に心細く思いますが、たとえつたない説明であっても、更に視覚障害者はその鋭敏な感覚で空気の流れや香りをとらえあわせ、それぞれに素晴らしい景観をきっと脳裏に思い浮かび上がらせているのであろうと信じています。

　視覚障害者との山行にあっては、サポーターは荷物を持ってあげたり、装備を準備してあげたりする山案内人ではなく、あくまでも共に山歩きを楽しむパートナーです。だから視覚障害者も山に登る体力を日々鍛え、一歩山に入れば他を頼らずに下山するまで歩きとおす力が求められます。自らの力で山頂に立ってこそ、その達成感は何にも変えがたいものがあるはずです。頼らず元気に歩きとおしてこそ、山歩きを楽しむ事が可能になるのだと思います。

　山ガールといわれる若い女性の姿も

多く目にするようになってきて、今また山ブームのようです。山の服装もファッショナブルになり、登山靴もより軽くなり、雨具も蒸れないゴアテックス製になって快適性を増し、歩き易い伸縮性のあるズボンなど山の装備も進歩し、初めての方も山歩きが楽しめるようになりました。山の魅力とは、まず汗をかくこと、風に光に香りに季節を感じること、ようやく頂上に立った達成感。そしてなによりも山の友との語らいです。

　晴眼者と視覚障害者とが互いに思いやり、山歩きの楽しみを共有し、より深く山歩きを楽しみたいと思っています。

方法

　登山方法は、健常者の背負うザックに障害者（全盲）が軽く手を触れてつ

いて行く方法をとりました。弱視は視力の状況によっても違いますが、全盲とほぼ同様の方法か、健常者の後を単独で歩いて行きます。視覚障害者は、前を歩いている健常者「サポーター」の「根っこがあります」、「30センチ登ります」、「右側が切り落ちています」等という、説明で自分の歩幅や高さを知ることで登っていきます。この方法

は基本的には今も変わりませんが、創立以後の経験と研修を通して、サポーターのザックにロープ(サポートひも)を付けて歩くようになり、その長さや太さ、ザックへの付け方や張り方等にも工夫が凝らされてきました。サポートの方法については、全国各地にある視覚障害者山の会でも、最も関心が大きいことで、全国交流会などでもしばしば話題になるテーマでもあります。

　当初の山行では、視覚障害者と健常者は、1対1で歩いていましたが、今では安全確保の点から、視覚障害者の後ろにもサポーターが1人つくようにしました。後ろのサポーターは、通常はあまり声をかけず、危険な時にだけ援助します。これは同時に2人が声をかけると情報が混乱することを防ぐ意味もあります。このようにして、安全を最優先した登山活動を続けています。

とはいえ、登山には危険もつきもので、30年間の内には捻挫や骨折を伴う事故もありましたが、幸いなことに死亡を伴うような遭難事故がなかったのは、発足当初から今に至るまでたくさんの健常者それも一流の登山経験を持つ健常者の皆さん方が、会員として参加していただき、身を挺してのサポート活動を続けてくださっていることのおかげだと心から感謝しております。

問い合わせ先
六つ星山の会事務局（日本点字図書館内）
電話　03-3209-0241
URL　http://www.mutsuboshi.net/

ブラインドセーリング

　ブラインドセーリングは、1チーム4名で構成され、視覚障害者2人がヘルムスパーソン（舵取り）とメインシートトリマー（大きな帆の操作）、健常者2人がジブシートトリマー（前部の補助的な帆の操作）とヘルムスパーソンの目の役割をするサイテッドスキッパー（口頭のみでアドバイス）が、障害の有無に関わらず、自分のポジションを責任を持って行い、チーム内でコミュニケーションを取りながらヨットを走らせます。
　レースに参加するチームは、大会主催者が用意した全長7～8mの同じデザインのヨットに乗り込み、一斉にスタートし、海の上に浮かんでいる2つ

のマークを2周し着順を競います。1レース約40分位のレースを複数行います。レースは視覚障害者の視力によって、Ｂ１（全盲）からＢ３（弱視）のクラスごとに分かれて行われますが、使用するヨットは障害者用に改造されたものではなく、ルールも通常のヨットレースとほとんど同じ内容です。ブラインドセーリングで大切なことは、

個々の技術力は勿論ですが、それ以上に4人のチームワークがとても重要なスポーツです。この点は、一般のヨットレース、他の団体競技にも共通する部分だと思います。

　ブラインドセーリングは、1980年代後半にニュージーランドで始まり、1992年にニュージーランドのオークランドで1回目の世界大会が開催されました。第2回は1994年にオーストラリアのフリーマントルで行われ、そのドキュメンタリー番組が同年3月テレビ放送されたのをきっかけに、これを見聞きした方が集まり日本での活動が開始されました。その後1996年10月、日本視覚障害者セーリング協会（ＪＢＳＡ）を設立し、翌年4月にイギリスのウェイマスで行われた3回目の世界大会に2チームが参加し、Ｂ2クラスで銅メダルを獲得しました。

その後、世界大会は、1999年にアメリカのマイアミ、2002年イタリアのガルーダ湖、2006年アメリカのニューポート、2009年ニュージーランド・ロトルア湖で開催されました。日本は、マイアミ大会以降、Ｂ１～Ｂ３クラスにフルエントリーし、マイアミ大会でＢ３クラスが、ロトルア大会でＢ２クラスが、それぞれ銅メダルを獲得しました。そして、2013年5月、日本で初めてブラインドセーリングの世界大会が神奈川県三浦市のシーボニアマリーナで開催されることとなり、日本代表選手も決定し、関係各所と準備を進めているところです。
　1996年に発足したＪＢＳＡは、その後、徐々にではありますが、メンバーも増えてきて、現在では、東京（夢の島マリーナ）、神奈川（シーボニアマリーナ）、浜名湖（富士マリーナ）で、それぞれ

月2回位のペースで活動を行っており、全日本大会の開催、世界大会への参加の他に、一般のヨットレースへも積極的に参加しております。また、落水者救助訓練、視覚障害者ガイド講習会、ブラインドセーリングの普及活動などの実施、そして、認定ＮＰＯ法人化も行われ、皆様のご支援のおかげで、もうすぐ17年目を迎えようとしております。

　ここまでレースのお話を中心にしてきましたが、ＪＢＳＡでは、レース以外にものんびりと海やヨットを楽しむクルージングも行っております。顔や体にあたる風、ヨットが波を切って進む音、潮の匂い、船底を流れる水の感覚や水しぶきなどで、視覚以外にも海やヨットを楽しむことができると思いますし、一緒に乗った仲間との出会いやともに過ごした時間は、障害の有無

を問わず、大切な時間になると思います。視覚障害者の方は、ヨット未経験者がほとんどですし、晴眼者の方でも未経験の方が入会されています。入会後は、ベテランの方が親切に教えてくださいますので安心です。

　入会前には体験乗船もできますので、興味をもたれた方は、下記までお気軽にお問い合わせください。

ＪＢＳＡ（認定ＮＰＯ法人日本視覚障害者セーリング協会）
ＵＲＬ　http://www.jbsa.jp/
Ｅメール　sailing@jbsa.jp

執筆者一覧

- グランドソフトボール
  全日本グランドソフトボール連盟
  会長　渡辺照夫
- ゴールボール
  日本ゴールボール協会
  理事長　近藤和夫
- 視覚障害者ボウリング
  全日本視覚障害者ボウリング協会
  会長　青松利明
- ブラインドサッカー
  日本ブラインドサッカー協会
  事務局　井口健司
- ブラインドテニス
  公益社団法人　東京都盲人福祉協会
  理事　古村法尾
- フロアバレーボール
  日本フロアバレーボール連盟
  理事　田中祐二

- ジョギング＆ランニング
  ＮＰＯ法人　弱視の子どもたちに絵本を
  金子　修
- タンデム自転車
  公益社団法人　東京都盲人福祉協会
  理事　愛沢法子
- ブラインドスキー
  筑波大学附属盲学校同窓会
  会長　大橋由昌
- 登山
  六つ星山の会
  会長　葛貫重治
- ブラインドセーリング
  認定ＮＰＯ法人
  日本視覚障害者セーリング協会
  事務局　瀬川紀之